문학과지성 시인선 281

자명한 산책

황인숙 시집

문학과지성사에서 펴낸 황인숙의 시집

새는 하늘을 자유롭게 풀어놓고(1988)
슬픔이 나를 깨운다(1990, 개정판 1994)
우리는 철새처럼 만났다(1994)
나의 침울한, 소중한 이여(1998)
리스본행 야간열차(2007)
못다 한 사랑이 너무 많아서(2016)
내 삶의 예쁜 종아리(2022)

문학과지성 시인선 281
자명한 산책

초판 1쇄 발행 2003년 12월 11일
초판 10쇄 발행 2023년 5월 9일

지 은 이 황인숙
펴 낸 이 이광호
펴 낸 곳 ㈜문학과지성사
등록번호 제1993-000098호
주   소 04034 서울 마포구 잔다리로7길 18(서교동 377-20)
전   화 02)338-7224
팩   스 02)323-4180(편집) 02)338-7221(영업)
전자우편 moonji@moonji.com
홈페이지 www.moonji.com

ⓒ 황인숙, 2003. Printed in Seoul, Korea

ISBN 89-320-1464-7 02810

이 책의 판권은 지은이와 ㈜문학과지성사에 있습니다.
양측의 서면 동의 없는 무단 전재 및 복제를 금합니다.

문학과지성 시인선 281
자명한 산책

황인숙

2003

시인의 말

등단한 지 스무 해가 꽉 차간다. 스무 해, 그러니까 20년! 그동안 써온 시들을 생각하니 얼굴이 달아오른다. 돌이켜보면 나는 시에 있어서도 후한 값을 받고 살았다. 그게 다 빚이다. 힘을 내서 빨리 빚을 까자!

2003년 12월
황인숙

자명한 산책

차례

▨ 시인의 말

강 / 9
골목길 / 10
냄새 / 11
무교동 / 12
거미의 달 / 13
갇힌 사람 / 14
남산, 11월 / 15
네 마흔 살 / 16
아주 외딴 골목길 / 18
모진 소리 / 20
폭풍 속으로 1 / 21
폭풍 속으로 2 / 22
르네 마그리트의 하늘 / 23
숨쉬는 명함들 / 24
화난, 환한 수풀 / 26
시리다 / 27
명아주 / 28
비 / 29

여기서부터 / 30
해방촌, 나의 언덕길 / 31
막다른 골목 / 32
코끼리 / 33
조용한 이웃 / 34
황사 바람 1 / 35
황사 바람 2 / 36
방금 젊지 않은 이에게 / 37
안데르센 / 38
봄 / 40
벚꽃 반쯤 떨어지고 / 41
시멘트 연못 / 42
희망 / 43
관광 / 44
거미의 밤 / 46
광장, 착오, 책략 / 48
주름과 균열 / 49
나무들 / 50
그날 / 52
그녀는 걸었다 / 54
수전증 / 55
노인 / 56
겨울밤 / 58
나 / 60
꿈들 / 61

그때는 설레었지요 / 64
사닥다리 / 67
석류 한 알 / 68
젖은 혀, 마른 혀 / 69
다른 삶 / 70
삶은 감자 / 71
악착같이 / 72
병든 사람 / 73
움찔, 아찔 / 74
그렇게 여름은 앉아 있고 / 75
밤 / 76
열한시 반 / 77
밤과 고양이 / 78
삶의 음보 / 79
공터 / 80
어두운 장롱 / 82
복개천에서 / 83
비 / 84
詩 / 85
아, 해가 나를 / 86
겨울 햇살 아래서 / 87
工作所 거리 / 88
가을밤 1 / 90
가을밤 2 / 91
나무들 아직 푸르른데 / 92

담쟁이 / 93
자명한 산책 / 94
눈길 / 96
봄의 꿈 / 97
불행의 나비, 행운의 나비 / 98
환청 / 100
나비 / 102
하늘로 뚫린 계단 / 103
풍경 / 104

▨ 해설·자명한 산책길에 놓인 일곱 개의 푯말·고종석 / 106

강

당신이 얼마나 외로운지, 얼마나 괴로운지,
미쳐버리고 싶은지 미쳐지지 않는지*
나한테 토로하지 말라
심장의 벌레에 대해 옷장의 나방에 대해
찬장의 거미줄에 대해 터지는 복장에 대해
나한테 침도 피도 튀기지 말라
인생의 어긋장에 대해 저미는 애간장에 대해
빠개질 것 같은 머리에 대해 치사함에 대해
웃겼고, 웃기고, 웃길 몰골에 대해
차라리 강에 가서 말하라
당신이 직접
강에 가서 말하란 말이다

강가에서는 우리
눈도 마주치지 말자.

* 이인성의 소설 제목 '미쳐버리고 싶은, 미쳐지지 않는'에서 차용.

골목길

울퉁불퉁
동네 집 사이로 난
좁은 계단 길에
부러진 목발 기대앉아 있네요
외로운 얼굴로 기대앉아 있네요

작은 목발이에요
손잡이에 감긴 하얀 헝겊에
뽀얗게 손때가 묻어 있어요
참 작은 목발이에요
부러졌네요

지나가는 사람 드문
울퉁불퉁 좁은 계단 길
햇빛 한 줌, 잡풀 한 줌
강아지 오줌 자국 한 줌.

냄새

하수구에서 올라오는 냄새
오장육부가 오랜 세월
썩어들어가는 냄새
고무마개를 하고 돌덩이를 얹어도
치받고 새어나와 진동하는 냄새
옷에도 밴 냄새 얼굴만 봐도 알 냄새
바람도 씻어주지 못하는 냄새
머리 아픈 냄새 아니, 마음 아픈 냄새
가난의 냄새.

무교동

빨간 신호등이 푸르러지도록
사람들은 무얼 할까, 뭘 할 수 있을까?
건너편에서 영결식장을 발견하거나
파리제화가 흥얼거리는 팝송 가락에
발가락을 까딱거리거나
근엄한 표정을 짓거나 하품을 하거나
우산 한 번 펴보거나 접어보거나
하늘 한 번 쳐다보고 침 한 모금 삼키고
어떤 이는 뱉고
우두커니 우연히
건너편에 아는 사람이 서 있으면
어떻게 할까?
뭐 생각할 게 있다고
비는 또 올까?
신호등은 안 바뀔까?

거미의 달

거미의 달이 기어간다
숨소리를 죽이고
조금도 망을 출렁이게 하지 않고
조금 바랜 빛깔의 실을 뽑으면서
살금살금 기어간다
누구도 몰래 빠져나가지 못하도록
휘감겨 붙게 꼼꼼히
망을 손보면서

저 잿빛 얼룩진
거미의 달의 궁둥이
진득거리고 메마른
수은의 실을 뽑는 궁둥이

지붕들이 침식된다
누가 그리도 깊이 자니?
섬뜩하지도 않으냐?

갇힌 사람

"이제 다른 세상은 없다고 생각합니다…… 이 세상
밖에 없다……오직 여기밖에 없다……"
17세 그 소년은
강도 강간 살인죄로 15년을 선고받았다고 했다
비 오고 잠 안 오는 날이면 '그날'이 자꾸 생각난다고
했다

다른 세상은 없다, 이 세상밖에 없다
오직 여기밖에

나는 똑같이 중얼거린다
비 오고 잠 안 오는 날이면
'그날'이 가슴을 쥐어뜯는다
'그날'에 집요하게 추궁당한다

창살 밖에는 갇힌 하늘과 먼 산
갇힌 오동나무.

남산, 11월

단풍 든 나무의 겨드랑이에 햇빛이 있다. 왼편, 오른편.
햇빛은 단풍 든 나무의 앞에 있고 뒤에도 있다.
우듬지에 있고 가슴께에 있고 뿌리께에 있다.
단풍 든 나무의 안과 밖, 이파리들, 속이파리,
사이사이, 다, 햇빛이 쏟아져 들어가 있다.

단풍 든 나무가 문을 활짝 열어젖히고 있다.
단풍 든 나무가 한없이 붉고, 노랗고, 한없이 환하다.
그지없이 맑고 그지없이 순하고 그지없이 따스하다.
단풍 든 나무가 햇빛을 담쑥 안고 있다.
행복에 겨워 찰랑거리며.

싸늘한 바람이 뒤바람이
햇빛을 켠 단풍나무 주위를 쉴 새 없이 서성인다.
이 벤치 저 벤치에서 남자들이
가랑잎처럼 꼬부리고 잠을 자고 있다.

네 마흔 살

스파게티 전문점 〈베네치아〉의 문이 굳게 닫혀 있다

나랑 바다에 가서 놀자

'내부 수리 중'이라고 쓰인 종이가
팔랑팔랑 붙어 있다

나랑 바다에 가서 놀자

불과 며칠 전에 개업 전단을 받았는데

나랑 바다에 가서 놀자

'영락'이라는 말은 슬프다

나랑 바다에 가서 놀자

'영락한 것 같다'는 말은 슬프다

나랑 바다에 가서 놀자

어디로 가버렸는가, 내 꽃다운 스무 살은?

나랑 바다에 가서 놀자

날은 춥고 새벽은 멀다

나랑 바다에 가서 놀자,
나랑 바다에 가서 놀자.

아주 외딴 골목길

이 외딴 골목길
빗방울도 처마에 부딪혀
자주 발 딛지 못하는 곳
길이라기보다는 틈
낡은 장롱 같은 집들의 틈
그 틈, 더 좁아지지 않도록
시멘트로 다져놓았다

길인 듯 아닌 듯
숫기 없는 사람은 그 앞에서 발길을 돌릴 것이다
인기척 없는 집들의
인적 없는
이 외딴 골목길
스티로폼 상자와 고무 양동이 안에
나팔꽃 봉숭아가 피고 지던 흙이 굳어 있다
불 안 드는 빈방처럼

이, 어린애 같아 보이는 길
정작은 나이배기일 것 같은 길
시멘트가 빈틈없이 깔려 있는

그러나 이 야성적인 길.

모진 소리

모진 소리를 들으면
내 입에서 나온 소리가 아니더라도
내 귀를 겨냥한 소리가 아니더라도
모진 소리를 들으면
가슴이 쩌엉한다.
온몸이 쿡쿡 아파온다
누군가의 온몸을
가슴속부터 쩡 금가게 했을
모진 소리

나와 헤어져
덜컹거리는 지하철에서
고개를 수그리고
내 모진 소리를 자꾸 생각했을
내 모진 소리에 무수히 정 맞았을
누군가를 생각하면
모진 소리,
늑골에 정을 친다
쩌어엉 세상에 금이 간다.

폭풍 속으로 1

나뭇잎들이, 나뭇가지들이 파르르르 떨며
숨을 들이켠다
색색거리며 할딱거리며, 툭, 금방 끊어질 듯
팽팽히 당겨져, 부풀어, 터질 듯이
파르르르 떨며 흡! 흡!
하늘과 땅의 광막한 사이가
모세관처럼 좁다는 듯 흡! 흡!
흡! 흡! 흡! 거대한, 흡!

폭풍 속으로 2

인간이 다니지 않는 길로
신이 다닌다
지금처럼 깊은 밤
지금처럼
폭풍우 몰아칠 때

피치 못해,
어떤 이들은 참지 못해
그 길에 나선다
극도의 조심스러움과 예의를 갖추고
호기심을 감추고
경건하게!

르네 마그리트의 하늘

구름이
가만히 있다.
가생이가 하얗게
햇빛을 쪼이면서.
졸리운 돌고래처럼.
제자리에서
환해졌다 어두워지며
아무 생각 없는
머릿속처럼.

가만히
섞였다
흩어진다, 가만히
꿈처럼.

숨쉬는 명함들

약수터 가는 길의
서늘하고 침침한 나무 그늘
납작하고 딱딱한 벤치에 웅크리고 앉아
그는 명함을 하나씩 들여다본다
빠닥빠닥 부스럭부스럭
배고픈 다람쥐처럼

평생 좋은 일은 자그마한 것이나 드물게 보았을
그보다 좀더 큰 나쁜 일들을 드문드문 보았을
안경을 치켜올리며
그는 그 흰 빠닥종이를 뒤적거린다

나이는 예순에서 예순다섯 사이
차림새는 그럭저럭 말끔하다
그는 명함 속으로 빨려들어가 있다
무엇을 찾는 걸까?
사랑이나 감사, 쓸모의 징조를?
그는 수줍어 보이고 영악해 보이고 고적해 보인다

숨쉬는 명함들

그의 평생이 담긴 명함들
어떤 명함은 기억에 없다
그 자신의 삶의 어느 부분처럼

그는 땀이 찬 손바닥을
바지에 쓱 문지르고
천천히, 꼼꼼히
명함을 들여다본다
숲을 울리는 꿩 울음소리도
한참을 지켜보는 내 시선도
명함들 속에 빠진 그를
낚아채지 못한다.

화난, 환한 수풀

― 네에시 사십분! 농담이겠지?
　그녀는 눈을 흡뜨고 시계를 본다
― 아아니, 아니,
　시계는 고개를 살랑살랑 저으며
　찰칵찰칵 제 갈 길을 간다
　그녀는 지붕 위로 휙휙 날아간다
　공중에서 뚝 떨어진 그녀를 보는
　그의 화난, 환한 얼굴
― 날 나무라면 안 돼
― 그럼 풀이라 할게

시리다

그는 꽥! 소리라도 지른 듯 돌아보게 한다
길거리에서 윗도리를 벗고 있으니까
그 벗은 웃통을 꿇은 무릎 위로 뻗고 있으니까
지금은 10월이니까

시몬, 네 등은 눈처럼 희다
붉은 화상이 커다란 단풍잎처럼
네 등마루에 구르고 있다

차가운 바람이 훅! 끼친다
길 위에 납작 엎드린 가랑잎이
팔랑 뒤챈다
시몬, 네 등은
얼음처럼, 얼음처럼 희다.

명아주

어렸을 때 명아주 밭에 들어간 적이 있다
보드라웠던 듯도 하고 까실했던 듯도 하다
무뚝뚝했던 듯도 하고 나른했던 듯도 하다
튼실했던 듯도 하고 생기 없었던 듯도 하다
지금 무슨 냄새를 맡았는데,
설명할 수는 없지만 명아주 냄새다
가시철망에 둘러싸였던 듯도 하고
연탄재가 뒹굴었던 듯도 하다
근처에 호박꽃이 피었던 듯도 하고 저녁이었던 듯도
하고
교회 종소리가 들렸던 듯도 하다
우리 동네였던 듯도 하고 아니었던 듯도 하고
하늘 높이 새털구름이 흩어져 있었던 듯도 하고
아무튼 나지막이
명아주 밭이었다
그리운 듯도 하고 아닌 듯도 한.

비

비, 누구도 뚫고 지나오지 못할
비, 액체가 아니고 고체인 듯
비, 흘러 떨어지지 않고 정지해 있는

거대한, 첩첩의, 비의 장벽으로
광활해지는
내 작은 방, 의 내밀함이여.

여기서부터

그렇게 있을 법하지는 않은 일이 떠오를 때
때로 바로 그 작은 확률 때문에
그 일이 사실일 거라고 생각하곤 한다
믿곤 한다, 믿고야 만다

아, 그, 작은, 확률
인상적으로 인상적인
그, 작은!

해방촌, 나의 언덕길

이 길에선 모든 게 기울어져 있다
정일학원의 긴 담벼락도 그 옆에 세워진 차들도
전신주도 오토바이도 마을버스도
길가에 나앉은 툇돌들도 그 위의 신발짝들도
기울어져 있다
수거되기를 기다리는 쓰레기 봉투들도
그 위에 떨어지는 빗줄기도
가내공장도 거기서 흘러나오는 라디오 소리도
무엇보다도 길 자신이
가장 기울어져 있다.

이 길을 걸어 올라갈 때면 몸이 앞으로 기울고
내려올 때면 뒤로 기운다.
이름도 없고 번호도 없는
애칭도 별명도 없는
서울역으로 가는 남영동으로 가는
이태원으로 가는 남산 순환도로로 가는
그외 어디로도 가고 어디에서든 오는
급, 경사길.

막다른 골목

문은 헤맨다
열려야 할지 말아야 할지
그토록 완강하게
그는 문을 흔들고 있다
문은 정신이 하나도 없다
그는 부술 듯이 문을 두드린다
문은 흔들리면서 마음을 굳혔다
난 몰라, 널 모른다구! 알고 싶지도 않고
그는 헤맨다
여태껏도 헤매다가 우연히 이 문을 만났다
그는 문을 두드리고 흔들면서
자기가 왜 이러는지 헤맨다
문의 완강한 거부만이
그의 완강함의 명분이다
깊은 새벽 막다른 골목길을
그와 문이 흔들고 있다.

코끼리

동춘 서커스단에는
얼어 죽은 코끼리의 박제가 있다고 한다
아주 오래 전 추운 봄날
수원에서 본 그 늙은 코끼리일까?
차가운 햇볕 속에서
낡은 천막처럼 펄럭였었다
그 잿빛 주름살의 고드름
주렁주렁 추위를 매달고……
오래도록 안부가 궁금했었다.

조용한 이웃

부엌에 서서 창밖을 본다
높다랗게 난 작은 창 너머에
나무들이 살고 있다
이따금 그들의 살림살이를 들여다본다
까치집 세 개와 굴뚝 하나는 그들의 살림일까?
꽁지를 까딱거리는 까치 두 마리는?
그 나무들은 수수하게 사는 것 같다
잔가지들이 무수히 많고 본줄기도 가늘다
하늘은 그들의 부엌
오늘의 식사는 얇게 저며서 차갑게 식힌 햇살
그리고 봄기운을 두 방울 떨군
잔잔한 바람을 천천히 오래도록 씹는 것이다.

황사 바람 1

무수한 틈으로 꽉 짜인
꽉 짜인 어금니로 바람이
만물을 분쇄한다
신경쇠약 직전의 유리창들이
들들들들 갈린다
갈린다 틈틈 켜켜로
바스라져 하늘이 휘날린다
저 뿌연 아가리에
가시철망을 던진다면
검고 둥근 가시철망이
고딕체로 공중에 굴러다닌다면!

황사 바람 2

지금 바람은
바짝 마른 파동
파동 치는 고통
세상은 바짝 마른 굉음으로 가득하다
유리창과 문짝과 지붕과 벽들이
공중에서 부딪친다
바람의 일격! 바람의 이격! 바람의 삼격!
부러진 굴뚝이 부서진 책상 위에 뒹굴었으면!
나는 두 눈 벌겋게 뜬 채
쩍쩍 갈라져 해체된다
해체되어
바짝 마른 해일에 휩쓸린다
우수 없이 갈망 없이, 속절도 없이.

방금 젊지 않은 이에게

너는 종종 네 청년을 그리워한다
하지만 나는 알지
네가 켜켜이 응축된 시간이라는 것을
네 초상들이 꽉꽉 터지도록
단단히 쟁여져 있는 존재라는 것을
지나온 풍경들을 터지도록
단단히 쟁여 지니고 날아다니는 바람이
너라는 것을

그때 너는 청년의 몸매를 갖고 있었다
희고 곧고 깨끗한
아, 청량한 너의 청년!

그 모습은 내 동공 안쪽
뇌리에 각인돼 있고
내 아직 붉은 심장에
부조돼 있다.

안데르센

우리 〈안데르센〉에 간 날
경비 초소를 지나 셔터가 내려진
텅 빈 다이아몬드 거리를 지날 때
우뢰와 함께 비가 쏟아졌었지
거리가 발자국 소리로 가득했지
비의 군단과 우리가 함께
달리는 발자국 소리
이마에 두 손을 챙처럼 얹고
뛰어든 창고 기억나?
문짝이 떨어져나간
좁고 어둡고 더러운 창고
너희는 묵묵히 비를 바라봤고
나는 자꾸 뒤를 힐끔거렸지
캄캄한 구석으로 가득 찬 창고
「13일의 금요일」이 생각났지

보안등 불빛에 빗방울들이
알알이 자태를 뽐내며 뛰어내렸지
다이아몬드 거리에
비의 다이아몬드가 쏟아졌지

백만 캐럿의 광채로 번개가 번쩍이고
우리는 자켓을 뒤집어쓰고
다이아몬드 거리를 달렸지
빗속을 달려 헐떡거리며
〈안데르센〉에 갔던 밤
문을 밀고 들어서자
보송보송한 사람들이 음악과 함께
웃으며 우리를 돌아다봤지

폭우 소리를 들으면 달리고 싶지
다이아몬드 거리를 지나
그 끝에 〈안데르센〉이 있었으면 싶지
〈안데르센〉은 흘러간 팝송
사이를 사뿐사뿐 급사가 걷고
이국의 밤처럼
검고 쌉쌀한 기네스 맥주가 있지
그리고 내 옆엔 너희가 있지.

봄

긴
내일
데려올
레일 옆
민들레
보는 이
설핏
오늘을
재다.

벚꽃 반쯤 떨어지고

한 소절 비가 내리고
바람 불고
벚꽃나무 심장이
구석구석 뛰고

두근거림이 흩날리는
공원 소롯길
환하게 열린 배경을
한 여인네가 틀어막고 있다
엉덩이 옆에 놓인 배낭만 한
온몸을 컴컴하게 웅크리고
고단하고 옅은 잠에 들어 있다

벚꽃 반쯤 떨어지고
반쯤 나뭇가지에 멈추고.

시멘트 연못

빙 둘러
부목을 댄 어린 소나무들이 서 있다
네 개의 등을 매단 기둥도 반질반질 새것
연꽃 다섯 무리는 엊그제 띄워놓은 것
아직 이끼도 가랑잎도 담아본 적 없는
새파랗게 새파란 연못

오늘 연못물은
오래된 연못이나 가짐 직한
우묵한 물빛을 띠고 있다
근처 7층 건물의
코카콜라 광고판도 물속에서 떡 하니
울적한 전설을 간직한 빛을 띠고

흐리디흐린 하늘이 연못 속에
방울방울 녹아들어가 있다.

희망

어제가 좋았다
오늘도 어제가 좋았다
어제가 좋았다, 매일
내일도 어제가 좋을 것이다.

관광

물가의 식탁
초로의 남자와 여자
"그때는 잘 나갔지 뭐. 한 달에
백오십만 원씩 꼬박꼬박 받았으니까."
호기로운 목소리의 남자
고개를 주억거리는 여자
철썩 철썩 철썩
호수가 파도친다
모터보트가 지나간 한참 후까지

물가의 식탁
이동막걸리와 제육볶음
잉잉거리는 파리와 꿀벌
"어이! 뭣들 해? 갈 시간 됐어!"
"보기 좋구만잉!"
한 무리 초로의 남녀들 왁자지껄
관광버스를 향해 걸으며 외친다

물가의 식탁
알았다고 남자는 소리지르고

쿡쿡 웃으며 고개 숙이는 여자
철썩 철썩 철썩
파도치는 호수.

거미의 밤

빨랫줄과 탁자 사이에
거미가 그물을 친다
나를 미끼 삼아
물것들을 노리는 거다
거미는 흐린 거울의 공간을 지어놓고
그 테두리에 숨었다
블랙홀이며 암흑 주머니,
한 번도 북적인 적 없는
시간인 거미

나는 후욱 흐린 거울을 불어본다
흐린 거울 속의 흐린 나무들과
흐린 불빛이 흔들린다
(그런데 진짜
거미의 집은 어디일까?)

거미가 깊어간다
바람이 소슬, 거미줄을 흔든다
귀뚜라미 울음소리가 소슬소슬!
거미줄을 흔든다

나는 문득 쇠약해진다.

광장, 착오, 책략

꿈속에 두고 온 싯귀처럼
아스라하다
내가 질러온, 간혹 에둘러온
사람들과 길들
그 순간 내가 그들로 살았던
두루뭉술한 열쇠인 단어들
그들은 붕대였고 나는 투명인간이었다
내가 붕대고 그들이 투명인간이었나?

머리부터 발끝까지 하얀 붕대가 사라지고
투명인간이 허물어진다
나는 꿈속으로 손을 뻗는다
막 사라지는 붕대의 끝에
두루뭉술하게 가령 '광장'이라는
단어 하나가 묻어나온다
때로는 '착오' 또는
'책략'이라는 단어 하나가

이 시는 그 단어를
헛되이 문지르고 쥐어짠 것.

주름과 균열

내 기억이 포개진 수많은 주름
속에 포개진 균열

그 단애에
헐벗은 나무가 서 있다
눈과 얼음이
따개비처럼 불가사리처럼
다닥다닥 붙어 있다

기가 막히다
세월의 빠름이, 아니 사실
빠른 건 모르겠는데
세월의 많음이

균열이 포개진 주름.

나무들

돌 위의 이끼들은 간교함이며
그 아래 뿌리들은 앙앙불락 앙다문 이빨이란 말인가?
그러면 죽죽 뻗은 가지들은
서로를 향한 칼날이며
스치는 나뭇잎들은 푸르른 손톱이며
그러면 그들의 포옹은 육탄전이었으며
바람에 수런거리는 소리는 욕설이었으며
비스듬히 비치던 햇빛은 비웃는,
엿보는 시선이었단 말인가?

'나무들은 서로를 증오한다네'
이 말을 들은 뒤
울창한 여름 숲을 떠올리면
설움이 울컥 차 오른다

나무들은 서로를 증오한다네
발등에 수북히
투석전의 흔적인 나뭇잎을 덮고
뚝뚝 거리를 두고 선
겨울나무들만이 앙상하게 평화롭다네

서울은 울창하다네.

그날

그러나
거짓된 자나 참된 자나
죽으면 한 줌
흙일 따름이고
죽은 다음 하느님 앞에서
심판이나 받을 것 같은가?

심판이 있다고 해서
내가 특별히
높은 점수를 받을 것 같진 않지만

교만한 자는 낮아지고
겸손한 자 역시 그만큼
낮아지는 그날
선한 자나 악한 자나
한 줌 재 될 따름인 그날

그러나
아직 거짓되거나 참되거나
교만하거나 겸손하거나

마음에 형상 있는 자들
몸을 누벼 흐르는
장례 의식의 음악이 심문한다.

그녀는 걸었다

그녀는 걸었다, 긴 복도를
링거병을 끌고 졸음에 취한 나를 끌고
걸음, 걸음, 걸음,
문 닫힌 병동의 밤이 긴 복도
그녀는 쫓기듯 걸었다, 쫓기듯
아니, 그녀는 걸었다, 걸음, 걸음, 걸음,
자기의 걸음을 견디면서
자기의 걸음을 즐기면서
자기의 걸음을 확인하면서
걸음, 걸음, 걸음, 창백한 형광등
그녀의 걸음이 가득한 복도
그녀는 걸었다, 유령 같은 나를 끌고
걸음, 걸음, 걸음,
그녀는 걸었다
그녀는 걸었다.

수전증

가끔
탁자 위에 올려놓은
손이 떨릴 때가 있다
사람들 앞에서
제멋대로 손은 떨고
나는 확확 달아오르지 못하게
얼굴을 굳힌다
그리고 내 손이 생쥐나
재떨이나 구름인 양 내려다본다
한 번 떨기 시작하면
제어할 수 없는 손

얼굴도 아니고 어깨도 아니고
가슴도 아니고 손이
어리숙하게 보여준다
피로나 두려움 때로는 긴장과 흥분

달아나고 싶은 거다
그래서 앞발이
파들거리는 것이다.

노인

> 75세 이후의 삶이란 인간이 절멸된 세계 속에서
> 살아가는 것이다
> ―메리 파이퍼

나는 감정의 서민
웬만한 감정은 내게 사치다
연애는 가장 호사스런 사치
처량함과 외로움, 두려움과 적개심은 싸구려이니
실컷 취할 수 있다

나는 행위의 서민
뛰는 것, 춤추는 것, 씸박질도 않는다
섹스도 않는다
욕설과 입맞춤도 입 안에서 우물거릴 뿐

나는 잠의 서민
나는 모든 소리가 그치기를 기다린다
변기 물 내리는 소리
화장수 병 뚜껑 닫는 소리
슬리퍼 끄는 소리

잠에 겨운 소근거림
소리가 그친 뒤 보청기를 빼면
까치가 깍깍 우짖는다

나는 기억의 서민
나는 욕망의 서민
나는 生의 서민

나는 이미 흔적일 뿐
내가 나의 흔적인데
나는 흔적의 서민
흔적 없이 살아가다가
흔적 없이 사라지리라.

겨울밤

나는 네 방에 음악을 불어넣는
늦봄의 바람이고 싶었다
그런데 수은 얼음 알갱이의 눈보라로
네 방을 질척질척 얼리고 있다

정신을 차리고 보면
나도 내가 춥다

영영 끝날 것 같지 않은 황폐함
피로, 암울, 막막, 사납게
추위가 삶을 얼려 비트는 황폐함
그러면서도 질기게도
죽을 것 같지 않은 황폐함

모르는 별로 너 혼자
추방되지는 않을 것이다
하지만 네 영혼을 뒤쫓는 것이
수은 얼음 알갱이의 눈보라라면?

아, 나는 네 영혼에 음악을 불어넣는

늦봄의 포근한 바람이고 싶었다

사실 나는 죽었는지 모른다.

나

이제 나는 나 자신의 찌꺼기인가?
아직 나 자신인가?
아니, 고쳐 물어보자
나는 나 자신의 찌꺼기인가?
나 자신인가?

꿈들

꿈에 나는
타이티나 지중해 아니면
제주 바다를 향해 떠난다
그런데 꿈에 나는
공항이나 비행기 안에서 혹은 대합실에서
시간을 다 보낸다

꿈에 나는
거울을 본다
젊고 아리땁다!
나는 하염없이 거울을 본다
꿈이냐 생시냐 의문도 없이
그러다 잠이 깨면
거울을 본다
젊어서 뭐 할 건데?
별로 다행이라는 생각은 들지 않지만,
딱히 할 일은 없다

꿈에 나는
등장하지 않는다

아무도 등장하지 않는다
그 꿈은 한 권의 책이다
꿈에서도 글자가 가물거려
이따금 나는 등장하지 않는 눈을 가늘게 뜬다
글자를 쓰다듬는 눈의 감각
문장을 훑는 뇌의 감각
끝내주는 글이군, 끝내준다
책장이 넘어간다
그러다 잠이 깬다
그 책이 아직 꿈속에
그대로 있을까,
꿈에서 읽은 책은 누가 지은 것일까?

꿈에 나는
하늘 흐린 바닷가에서
탐스럽게 커다란 조개를 본다
모래 속에 조개들이 지천이다
나는 허리를 구부리고 정신 없이 조개를 줍는다
앞자락이 축 늘어지도록 조개를 주워 담는다
그러다 잠이 깬다

꿈인 줄 알았으면 바다나 실컷 볼걸

내 친구는 이런 꿈을 꿨다
구름의 거대한 성곽
위에 커다랗게, 커다랗게
떠오르는
S-A-N-T-A M-A-R-I-A
하늘의 파아랑! 구름의 하아얏!
터지는 심장!

그때는 설레었지요

그때는 밤이 되면
설레어 가만히
집 안에 있을 수 없었지요

어둠이 겹주름 속에
감추었다 꺼내고
감추었다 꺼냈지요, 만물을

바람이 어둠 속을 달리면
나는 삶을 파랗게
느낄 수 있었어요
움직였지요
삶이 움직였지요
빌딩도 가로수도
살금살금 움직였지요
적란운도 숲처럼 움직였지요

나는 만물이 움직이는 것을
자세히 보려고 가끔 발을 멈췄어요
그러면 그들은 움직임을 멈췄어요

그들은 나보다
한 발 뒤에 움직였어요
달린다, 달린다,
움직인다, 움직인다,
우리는 움직임으로 껴안았지요

그때는 밤이 되면
설레어 가만히
집 안에 있을 수 없었어요

바람이 어둠 속을 달립니다
전신이 팔다리예요
바람이 자기의 달림을
내 몸이 느끼도록
어둠 속에 망토를 펄럭입니다
나는 집 안에서
귀기울여 듣습니다
바람은 달립니다
어둠의 겹주름 속을

그때는
밤이 되면
설레어 가만히
집 안에 있을 수
없었지요.

사닥다리

봄이 되면
땅바닥에 누워 있는 사닥다리를 세우겠네
은빛 사닥다리,
은빛 사닥다리를 타고
지붕 위에 오르겠네
사닥다리, 뼈로만 이루어진 사닥다리
한 디딤마다 내 발은 후들후들 떨겠네
내 손은 악착같이 사닥다리를 쥐겠네
사닥다리, 발이 손을 따르는 사닥다리

구름이 사닥다리를 타고 올라오네
대추나무가 사닥다리를 타고 올라오네
종달새가 사닥다리를 타고 올라오네
돌멩이가 사닥다리를 타고 올라오네
땅바닥이 사닥다리를 타고 올라오네
내 사랑이 아슬아슬 사닥다리를 타고 올라오네

봄이 되면
땅바닥은 누워 있는 사닥다리를 세우네.

석류 한 알

무덤 가에 죽어 있는
키 작은 나무
조그만 석류 한 알이
나뭇가지와 마찬가지로
검붉게 말라비틀어져 붙어 있다
말라비틀어진 심장 같다

무덤 가에 심기엔 너무 어린 나무였다
꽃 피우고 열매 맺고 시드는 동안
한 번도 돌아보지 못했다

석류 한 알……
열심히 살아보려고 했었나 보다.

젖은 혀, 마른 혀

바람의 축축한 혀가
측백나무와 그 아래 수수꽃다리를 핥으면
측백나무와 수수꽃다리는
슬며시 눈을 뜨고
측백나무와 수수꽃다리로 깨어난다

바람의 마른 혀가
측백나무와 수수꽃다리로 깨어난
측백나무와 수수꽃다리를 핥으면
측백나무와 수수꽃다리는
스르르 눈을 감고
측백나무와 수수꽃다리로 잠이 든다
영혼이 펄럭이며 잘 마르는 날.

다른 삶
―― 이아라 리 감독의 영화 「종합적 쾌락」을 보고

얼굴이 예뻐도
삶이 지루할까?
돈이 많아도
삶이 지루할까?
집안이 무고해도
삶이 지루할까?

여일한 삶이 지루해
예쁜 얼굴을 망가뜨리기도 한다
앞으로 추한 얼굴로 한번 살아보려고
밋밋한 삶에
피어싱을 한다
문신을 한다
성형 수술을 한다.

삶은 감자

이건 확실히
잘못 선택한 밤참이다
한 번이라도 감자를
삶아본 적이 있는가?
스무 번도 더 냄비 뚜껑을 열고
젓가락으로 찔렀다
열대야처럼 푹푹
김 속에서 감자들
生을 수그리지 않는다
쉭쉭거리며 가스불은 시퍼렇게 달려들고
냄비는 열과 김을 다해 내뿜고
감자는 버티고 있다
덥고 지루한 싸움이다
눈꺼풀이 뻣뻣하고 무겁다
이렇게까지 해서 감자를 먹어야 하나?
한 번 더 찔러보고 아직 아니라면
그냥 자야겠다
우, 삶은 감자!

악착같이

문득 내가
악착같이 김치를 씹어먹고 있는 걸
깨달을 때가 있다
식은 떡과 시든 계획과

'그는 우아했고
허구의 세계에 어울렸지'*
나도 그랬더랬지
그런 줄 알았더랬지.

* 영화 「벨벳 골드마인」에서

병든 사람

몸이 굉장히
굉장히, 굉장히
어려운 방정식을 푼다
풀어야 한다
혼자서
하염없이 외롭게
혼자서.

움찔, 아찔

햇볕에 따끈하게 데워진
쓰레기 봉투를 열자마자
나는 움찔 물러섰다
낱낱이 몸을 트는 꽃잎들
부패한 생선 대가리에 핀
한 숭어리의 흰 국화

그들은 녹갈색과 황갈색의 진득거림을
말끔히 빨아먹고
흰 천국을 피워냈다
싸아한 정화의 냄새를 풍기며

나는 미친 듯이 에프킬라를 뿌려대고
한 천국을 지옥으로 만들고
지옥을 봉했다
그들을 그들이 태어난
진득거림으로 돌려보냈다.

그렇게 여름은 앉아 있고

즐겁게 춤을 추다가
그대로 멈춰라!

뒤에 아무도 없는
텅 빈 길을 달리는
장쾌도 한 기분

즐겁게 춤을 추다가

하나 앞서 보내고
또 하나 앞서 보내고
아, 개푯한 뒤통수

그대로 멈춰라!
그대로 멈춰라!

모두 앞서 보내고
그렇게 여름은 앉아 있고.

밤

밤은 네가 잠들기를 바란다
자장 자장 자장
밤은 차곡차곡 조용해진다

밤은 너를 잠재우길 바란다
자장 자장 자장
자장 자장 자장

밤은 혼자 있고 싶은 것이다.

열한시 반

지하철 회현역
남대문 시장 쪽 출구 계단
무뚝뚝하게 닫힌 상가의 셔터
어둑하고 얼룩한 계단
하얗게 식은 연탄 화덕
스무 마리쯤의 오징어와 타일 벽에 기대어
잠든 아주머니
코를 찌르는 연탄가스
막 빠져나오면
노란 귤이 수북한 손수레
노점상의 애절한, 붉은 눈
눈이 붉은 밤.

밤과 고양이

고양이가 운다
자기 울음에 스스로 반한 듯
부드럽게
고양이가 길게 울어서
고양이처럼 밤은
부드럽고 까실까실한 혀로
고양이를 핥고
그래서 고양이가 또 운다.

삶의 음보

노래방에서
누군가 아주 느린 곡조의 가요를 노래하면
따라 듣기에만도 나는 진땀이 난다
내게는 그가
노래를 부른다기보다 불러낸다고 느껴진다
저 힘!
가창력이라기보다 저 정신력!
말하자면, 저력!
다시 말하자면 가창력!
장식음과 바이브레이션
모음의 젖과 꿀이 넘쳐흐르네

나는 간신히 음표에 올라앉았다
음과 음 사이의 거리가
내게는 항시 아득하여
나는 총총히 노래했다
짤딸막한 모음의 나의 노래여
내 노래는 언제나 단조로웠다.

공터

이런 공터가 기다리고 있었다
폐업한 지 오래도록
간판도 내리지 않은 여인숙
먼지 낀 유리문 너머
퍼렁 옷과 빨강 옷이 쌓여 있던
유명 메이커 大할인점
문밖으로 개숫물 졸졸 흘리던 떡볶이집
그리고 동사무소와 파출소 엉덩이 아래
이런 공터가 기다리고 있었다
산 자드락 맛을 물씬 풍기며

말짱 허문 집들 위로
공터가 불쑥 솟아났다
공터 한구석에
껍질이 낡은 페인트처럼 벗겨진
나무 한 그루가 어리둥절 솟아났다
나도 어리둥절
얼마 만인가, 이 공터

공터의 손을 가만히 잡으면

내 마음은 출렁인다
어린 시절의 공터들이
넘실넘실 돌아온다
그리웠던 공터
그리운 공터.

어두운 장롱
—언니에게

어두운 장롱
열린 서랍 안

바스락 소리를 잃은
미농지 아래

곱게 개켜진
죽은 엄마
모본단 한복

한 입 베어 문 센베이 맛
눅눅해지고
나프탈렌 냄새 독하게 밴

어두운 장롱

복개천에서

복개천 위에서 나는 골몰한다
부글거리는
더부룩한 뱃속
나는 복개천의 뱃가죽에
발 구른다, 쿵! 쿵쿵!
햇빛으로 배부른 비둘기들이 놀란 눈으로
꾸륵, 트림한다
개울물 노랫소리 들린 듯하다
가느다랗게 졸졸졸.

비

쏟아지는 빗소리를 들으면
내 머리는 널따란 나뭇잎이 돼
빗방울 떨어지는 대로 기우뚱거린다
빗소리 거세어지면
내 머리의 나뭇잎이 무성해지는 듯하다
무성한 나뭇잎이 기우뚱기우뚱
비를 맞는다

플라타너스들이 비를 향하여
벌거벗은 가슴들 부푼 이파리를 힘껏 내민다
나도 초록빛 가슴을 힘껏 내민다

빗소리가 빽빽하다
초록 이파리가 빽빽하다
나는 전신이 초록빛
울창한 나무가 된 듯하다.

詩

> 우리에게 시가 사치라면 우리가 누린 물질의
> 사치는 시가 아니었을까
> ─ 박완서

프라다, 카르티에, 지방시, 구찌
아르마니, 베르사체, 이브생로랑
그와 내가 계보도 모르고
유행도 모르고 가치도 모르고
이름조차 모르는 그녀의 시들
그녀의 시들, 그녀를
허황되고도 아름답게 보이게 하네
백화점 명품관은 그녀의 시집
때때로 그녀는 삶을 고양시키려
그곳을 기웃거리네
장미 향수 시의 향기를 주위에 흩뿌리며 유유히
그러나 속곳까지 시로 무장하고
매처럼 그녀의 눈
아무것도 놓치지 않네
허황되고도 아름다운 그녀
그녀의 머리는 시로 가득하네.

아, 해가 나를

한 꼬마가 아이스케키를 쭉쭉 빨면서
땡볕 속을 걸어온다
두 뺨이 햇볕을 쭉쭉 빨아먹는다
팔과 종아리가 햇볕을 쭉쭉 빨아먹는다
송사리떼처럼 햇볕을 쪼아먹으려 솟구치는 피톨들
살갗이 탱탱하다
전엔 나도 햇볕을
쭉쭉 빨아먹었지
단내로 터질 듯한 햇볕을

지금은 해가 나를 빨아먹네.

겨울 햇살 아래서
―갑숙에게

철 모르고 핀 꿀풀꽃과
미처 겨울잠에 들지 못한 철없는 꿀벌이
겨울 햇살 아래서 만나는 경우가
드물게 있다고 한다

우리한테 미래는 없잖아요? 그렇잖아요?
그런 대화를 나누면서도 그들은
미래에 대해 곰곰
생각하는 얼굴일 것이다
겨울 햇살 아래서.

工作所 거리

비 멎은 오후
진홍 파이프 보일러, 동아 기계 제작소, 세일 철강 기계 상사,
자동차 시트 카바 전문점을 지나

꽃은 용접 불꽃, 소리는 드릴 소리, 냄새는 납땜 냄새

'잠만 잘 분'을 찾는 전봇대와 가로등 제어 분전함을 지나
고시원을 지나 실비 식당을 지나 삼도 프레스를 지나

꽃은 용접 불꽃, 소리는 드릴 소리, 냄새는 납땜 냄새

'황태자 CUSTOM TAILOR' 앞에서 걸음을 멈춘다
파르스름 물망초빛 와이셔츠, 벚꽃 분홍 남방셔츠
누가 저걸 사 입을까?
꼬깃꼬깃 접혔던 자국이 아직 선명한
막 봉오리에서 펼쳐진 꽃 같다!

꽃은 용접 불꽃, 소리는 드릴 소리, 냄새는 납땜 냄새

진흥 파이프 보일러, 동아 기계 제작소, 세일 철강 기계 상사,
　자동차 시트 카바 일꾼들이 사 입지

　노란 도날드덕이 호스를 들고
　춤을 추듯 차를 씻는 세차장을 지나
　무지갯빛 기름이 뜬 웅덩이를 지나

꽃은 용접 불꽃, 소리는 드릴 소리, 냄새는 납땜 냄새.

가을밤 1

습기를 전해 주던 바람이 습기를 거둬 간다
앞서거니 뒤서거니 단풍 드는 나무들
앞서거니 뒤서거니 떨어질 나뭇잎들
앞서거니 뒤서거니 늙어갈 친구들과 나

소슬바람에 가팔라진 가슴
베어 물 듯 귀뚜라미 울고
홀로, 슬며시, 어둡게
온 생이 어질어질 기울어지는
벼랑 같은
밤.

가을밤 2

귀뚜라미는 만물이 쓸쓸해하는 가을밤 속을
씩씩하고 우렁찬 노랫소리로 가득 채운다
뭐가 쓸쓸해? 뭐가 쓸쓸해? 뭐가?!뭐가?!뭐가?!
귀뚜라미 소리가
명랑한 소름처럼 돋는 밤.

나무들 아직 푸르른데

첫 추위가 소리개처럼
시커먼 그림자를 지상에 떨군다
두툼히 옷을 껴입고 나는
푸르른 철부지 나무들을 올려다본다
처음에는 걱정에 차
이윽고 긴가민가 경탄에 차

첫 추위 소슬바람의
시커먼 그림자가 갈퀴처럼
숲 위를 긁으며 지나갈 때
머리를 긁적이며 푸르른 나무들

그들이 아마 더 잘 알겠지
땅바닥과 대기를 들이켜고 맛볼
열정의 시간이 더 남아 있다는 걸

아직은 철새와 단풍잎새가
온 숲에 고루 도래하기 전.

담쟁이

눈을 감고 담쟁이는
한껏 사지를 뻗고 담쟁이는
온몸으로 모든 걸 음미한다
달콤함, 부드러움, 축축함, 서늘함,
살랑거림, 쓸쓸함, 따분함, 고요함,
따사로움, 메마름, 간지러움, 즐거움,

담쟁이는 눈을 감고
온몸으로 음미하는 모든 것에
더듬더듬 작은 음표들을 토해낸다

담쟁이는 여전히 눈을 감고
흥얼거린다
담쟁이의 선율로 뒤덮인
커다란 악보에 시월도 저물 때.

자명한 산책

아무도 소유권을 주장하지 않는
금빛 넘치는 금빛 낙엽들
햇살 속에서 그 거죽이
살랑거리며 말라가는
금빛 낙엽들을 거침없이
즈려도 밟고 차며 걷는다

만약 숲 속이라면
독충이나 웅덩이라도 숨어 있지 않을까 조심할 텐데

여기는 내게 자명한 세계
낙엽 더미 아래는 단단한, 보도블록

보도블록과 나 사이에서
자명하고도 자명할 뿐인 금빛 낙엽들

나는 자명함을
퍽! 퍽! 걷어차며 걷는다

내 발바닥 아래

누군가가 발바닥을
맞대고 걷는 듯하다.

눈길

발바닥을
퉁겨내듯 가볍게 잡아당긴다
귓속에서 속삭이는
아니, 발바닥이 직접 듣는 바삭 소리

모든 것을 하얗게
지워버리는 하양

끝없이 점멸하는
일만 가지 색채의 까망.

봄의 꿈

봄비가 보습처럼
완고하고 무표정한 하늘을 바스라뜨렸다

어디론가 가보고 싶지만
그곳이 내게로 온 것도 같다

사방 간 데로 꿈틀거리는 아지랑이 속을
사방 간 데로 걸으리

땅에 갓 뿌리를 묻은 묘목들도
무덤들도 푸르러지리.

불행의 나비, 행운의 나비

저기 행운의 나비가 보이네요
팔랑팔랑
세상 좋은 향기란 향기는 다 풍기는 듯하네요
주위를 그 자신의
행운의 빛으로 환하게 밝히네요
먼 빛으로라도 행운의 나비를 보면
우리는 미소짓죠
이리 와, 이리 내게로 와, 행운의 나비야
우리는 행운의 나비를 만나고 싶어하죠

행운의 나비는 내려앉는 데서마다
듬뿍 행운의 가루를 묻혀 날아가죠
우리의 눈을 부시게 하고
우리의 가슴을 아리게 하는
행운의 나비가 저기 가네요

저기 불행의 나비가 보이네요
펄렁펄렁
칙칙한 빛깔의 묵직한 날개
주위가 다 캄캄해지네요

저리 가, 저리 멀리 날아가, 불행의 나비야
우리는 불행의 나비를 피하고 싶어하죠

불행의 나비는 내려앉는 데서마다
듬뿍 불행의 가루를 묻혀 날아가죠
우리가 눈을 감고 외면하는
불행의 나비가 저기 가네요.

환청

공기 속에는
모든 소리의 입자가 우글거린다
안개의 물방울처럼 장미꽃밭의 장미 향기처럼
벌떼의 벌들처럼

"내 목소리가 사랑 고백에 걸맞지는 않잖아요"
이 말을 나는 그 목소리로
쓸쓸함까지 생생히 기억한다
하지만 아무리 귀기울여도
귀 밖에서 그 말을 들을 수 없다
공기 속에서 소리 입자들을 잡아끌어내
조합할 능력이 없어서다

지구 위에 살았던, 그리고 살고 있는 모든 사람들
모든 짐승들과 모든 생물들, 존재했던 사물들, 존재하는 사물들
그들이 쏟아낸 소리가
우글거린다 공기 속에

때로 어떤 이들은 생생히 듣는다

들은 기억 없는 말들을 알지 못하는 목소리들을
듣고 싶지 않은 말들을 고함 소리를 울음소리를
속삭임을 황홀한 음악 소리를
그 소리들 머리를 먼지떨이처럼 흔들어 털어대도
떨어지지 않는다.

나비

'오!' 놀라게 된다, 나비를 보면
나비는 그토록이나 항상
홀연히 솟아난 것만 같다
꽃이면 꽃, 돌이면 돌,
땅바닥, 풀잎 끝, 쓰레기 봉투,
노란 셀로판지 같은 햇발 한가운데
내가 막 나비를 본
바로 거기에서

나비는 항상 아주 먼 데서 온 것만 같다
꽃이면 꽃, 돌이면 돌, 땅바닥, 풀잎 끝,
쓰레기 봉투, 바람 속 노란 셀로판지 같은
햇발 한가운데
내가 막 나비를 본
바로 거기를 통해

나비는 항상 촛불처럼
숨을 고르고 있다.

하늘로 뚫린 계단

나는 계단이 좋다
이왕이면 오르막 계단이 좋다
양옆에 집집의 담장과 문들이 벽을 이루더라도
정수리만은 하늘로 뚫렸으면 좋겠다
그리 까다로운 주문도 아닌데
계단 꼭대기 집들이 서너 걸음만 뒤로 물러서주면 된다

아, 정수리가 하늘로 뚫린 계단
그 층계가 스물을 넘지 않아도
한없이 한없이 뻗어 올라가네
회오리처럼 소용돌이처럼

그 너머가 보이지 않는 오르막 계단에
나는 휩쓸린다.

풍경

이미 기세 높은
오전 열한시의 쨍쨍한 햇볕 속에
매연을 뿜으며 덜컹거리며
트럭도 지나가고 버스도 지나가고
오토바이도 택시도 지나다니는 대로변 길바닥에
일인용 소파가 놓여 있다
그 소파에
등받이에는 뒤로 젖혀진 얼굴과 어깨를 걸치고
양쪽 팔걸이에는 팔꿈치를 걸치고
벌린 무릎과 맞붙인 발바닥과 나머지 몸뚱어리를
포근히 파묻고 한 남자가 잠들어 있다
홀연히 떨어진 방패연처럼

난데없는 그 소파
자세히 보니 눈에 익다
이따금 들르던 카페가 소파 뒤에서
철근과 시멘트 블록 파편으로 얼크러져 있다

바둑판무늬의 일인용 소파에 햇볕이 몰려 있다
한 남자가 혼곤히 잠들어 있다

홀연히 떨어진 방패연처럼.

해설

자명한 산책길에 놓인 일곱 개의 푯말

고종석

1. 나이 듦

 나는 첫번째 푯말 위에 '늙음'이라고 쓸 참이었다. 그러나 마음이 아려, '나이 듦'이라고 눅인다. 『자명한 산책』의 교정지를 덮고 나니 지난 다섯 해 남짓 동안 시인의 몸이, 그래서 결국은 마음이, 달리고 넘어지고 구르고 기고 일어서고 멈칫거리며 남겨놓은 자취가 아릿아릿 처연하다. 시인은 그 세월만큼 늙, 아니, 나이 들었다. 물론 시의 화자를 시인과 고스란히 포개는 것은 위태로운 읽기다. 그러나 특히 서정시에서, 화자의 목소리는 예사롭게 시인의 목소리와 겹친다. 화자와 시인의 격리가 또렷해 보이는 경우에도, 화자는 무심결에 시인을 대리하고 변호한다. 그래서 서정시는, 그 외양이야 어떻든, 서사시보다는 에세이와 더 핏줄이 가깝다. 황인숙은 본디 움직임의 시인이고 경쾌함의 시인이다. 그는 붙박이가 아니라 떠돌이다. 시인은 시업의 앞자리에서, 자기 존재를 하염없이 밀쳐 올리는 감각의 그 참을 수 없는 부력을 고양이의 움직임에 가탁한 바 있다. 그런데 시인이 이제 나이를 느끼는 모양이다. 황인숙의 발랄하고 감각적인 초기 시들을 기억하고 있는 독자들이라면, 『자명한 산책』의 몇몇 시들에서 어쩔 수 없이 시간의 매몰찬 풍화 작용을 실감할 것이다. 생체의 퇴화 속에서, 그는 내다보기보다 돌아다본다. 돌아다볼 때야, 그는 신난다.

> 그때는 밤이 되면
> 설레어 가만히
> 집 안에 있을 수 없었지요
>
> 어둠이 겹주름 속에
> 감추었다 꺼내고
> 감추었다 꺼냈지요, 만물을
>
> 바람이 어둠 속을 달리면
> 나는 삶을 파랗게
> 느낄 수 있었어요
> 움직였지요
> 삶이 움직였지요
> 빌딩도 가로수도
> 살금살금 움직였지요
> 적란운도 숲처럼 움직였지요
> ─「그때는 설레었지요」부분

시인이 앞을 내다볼 때, 갑자기 그의 시선은 애잔해진다. 마주치고 싶지 않은 노년이 거기 버티고 있기 때문이다. 그럴 때 그는 젊음과 약동이 빠져나가버린 실존의 무거움을 노래한다.

> 나는 감정의 서민
> 웬만한 감정은 내게 사치다
> 연애는 가장 호사스런 사치
> 처량함과 외로움, 두려움과 적개심은 싸구려이니
> 실컷 취할 수 있다
>
> 나는 행위의 서민
> 뛰는 것, 춤추는 것, 쌈박질도 않는다
> 섹스도 않는다
> 욕설과 입맞춤도 입 안에서 우물거릴 뿐
>
> [……]
>
> 나는 기억의 서민
> 나는 욕망의 서민
> 나는 生의 서민　　　　　　　　　　—「노인」 부분

이 시의 화자는 노인이다. 현실 속의 자연인 황인숙을 흐릿하게라도 짐작하는 독자들에게, 이 시의 화자가 시인과 겹쳐질 수 없는 것은 또렷하다. 우리의 시인은 어떤 기준으로도 노인이 아니기 때문이다. 그러나 이 노인의 목소리에서 시인의 음성을 듣는 것이 그리 엉뚱한 일도 아닐 것이다. 현재의 화자는 미래의 시인이다. 그리고 시인-화자의 마음은 신생의 대척점에 서 있다. 이 애틋하고 섬연한 시에서, 시인은 노인의 목소리로 자신의 어떤 미래(의 가능태)를 노래하고 있다. 그 미래 속에서 노인은 시인의 그림자이고 시인은 노인의 메아리다. 샐그러진 현재 너머의 그 미래는 둔감과 무력으로 음울하다. 미래를 내다보는 이 시선의 애잔함은 과거를 돌이키는 시선들의 경쾌함까지 더러 애잔함으로 물들인다. 미래라는 시공간 속에서 시인은 감정의 서민이고 행위의 서민이고 잠의 서민이고 기억의 서민이고 욕망의 서민이다. 다른 것은 그만두고라도 화자는 자신을 '감정의 서민'이라고 말한다. 무섭고 가엾어라, '감정의 서민'이라니. 그것이 혹시라도 이 시를 쓸 때의 마음 상태를 가리킨 것이라면, 시인은 시쓰기의 폐업을 예고하고 있었단 말인가? 우리는 그 답을 알고 있다. 시인은 이 시 이후에도 계속 싱싱한 시를 써왔다. 그리고 이 시에서도, 자신의 무감각을 털어놓는 화자의 목소리는 여전히 가붓하고 감각적이다. 그러나 그런 감각적인 목소리 너머로 화자의 표정을 세심히 살피면, 시인의 몸이 예전만큼 가볍지 않은 것 또한 또렷하다.

> 전엔 나도 햇볕을
> 쭉쭉 빨아먹었지
> 단내로 터질 듯한 햇볕을
>
> 지금은 해가 나를 빨아먹네.　　　―「아, 해가 나를」부분

햇볕은 해의 뜨거운 기운이다. "전엔 나도" 할 때의 그 과거의 화자는, 아마 어린 시절의 화자일 테지, "햇볕을 쭉쭉 빨아먹었"다. 다시 말해 양지를 걷노라면 그 해의 기운이 살에 스며들어 기운이 더 났다. 그러나 이젠 "해가 나를 빨아먹"는다. 나이가 들어가면서, 모자란 기운마저 해에게 빼앗기고 있다고 화자는 투덜거리는 것이다. "해가 나를 빨아먹네"에서 해는 물론 하늘의 해지만, 세월을 뜻하는 해로도 읽힌다. 7세기 전의 한 시인이 한탄했듯, 한 손에 막대 쥐고 다른 손에 가시 쥐고 늙는 길 가시로 막고 오는 백발 막대기로 쳐봐야 시간의 파괴력에 맞설 수는 없다. 그러나 다시 한 번, 독자들에게 위안이 있으니, 예컨대 "단내로 터질 듯한 햇볕" 같은 표현에서 황인숙은 여전히 젊고 싱그럽다.

2. 추억

위에서 비쳤듯, 나이 듦의 한 징표는 추억으로의 몰입이다. 되돌아보는 것은 나이 든 자의 몫이기 때문이다. 모든 추억은 미화의 유혹에 취약하게 마련이지만, 늙음이 바라보는 젊음의 추억은 특히 그렇다.

폭우 소리를 들으면 달리고 싶지
다이아몬드 거리를 지나
그 끝에 〈안데르센〉이 있었으면 싶지
〈안데르센〉은 흘러간 팝송

사이를 사뿐사뿐 급사가 걷고
이국의 밤처럼
검고 쌉쌀한 기네스 맥주가 있지
그리고 내 옆엔 너희가 있지.　　　　──「안데르센」 부분

너는 종종 내 청년을 그리워한다
하지만 나는 알지
네가 켜켜이 응축된 시간이라는 것을
[……]

그 모습은 내 동공 안쪽
뇌리에 각인돼 있고
내 아직 붉은 심장에
부조돼 있다.　　　　──「방금 젊지 않은 이에게」 부분

  시인은 과거의 어떤 에피소드를, 과거의 어떤 인물을 미화하며 그 아름다움의 기억을 통해서 현재를 버텨낸다. 비록 현재는 초라하지만, 과거의 어떤 아름다움들은 화자의 "동공 안쪽 뇌리에 각인돼 있"기 때문이다. 화자에게 젊음은 아름다움이다. 그가 현재에 심드렁한 것은 자신과 둘레의 아름다움이 예전 같지 않기 때문이다. 아름다움이(도량형의 기준이라는 의미에서) 진리이고, 진리가 아름다움이라고 믿는 듯하다는 점에서 우리의 시인은 키츠의 동류다.

3. 탐미

 그렇다. 시인은 키츠의 동류다. '감각의 서민'이라는 자탄과는 반대로, 나이 듦과 함께 시인의 탐미는 외려 오지랖을 더 넓힌다. 그것은 그를 따라가는 우리들의 자명한 산책에서도 또렷하다. 사실, 시업의 시작부터 시인은 정신보다 감각에, 현실보다 몽상에 이끌렸다는 점에서 탐미주의자였다. 『자명한 산책』의 몇몇 작품들에서 그 탐미는 거미와 관련돼 있다.

> 거미의 달이 기어간다
> 숨소리를 죽이고
> 조금도 망을 출렁이게 하지 않고
> 조금 바랜 빛깔의 실을 뽑으면서
> 살금살금 기어간다
> 누구도 몰래 빠져나가지 못하도록
> 휘감겨 붙게 꼼꼼히
> 망을 손보면서
>
> 저 잿빛 얼룩진
> 거미의 달의 궁둥이
> 진득거리고 메마른
> 수은의 실을 뽑는 궁둥이 ―「거미의 달」 부분

 이 시는 먹구름 속의 희미한 달을 거미에 비유한다. 거미는, 이상의 단편소설 제목 덕분에 널리 알려진 그 한자어 이름 지주(蜘蛛)의 음색처럼, 흔히 불길과 음산의 상징이다. 실제로 사람에게 해를 끼치는가와는 상관없이, 사람의 눈에 비친 이 절지동물의 이미지는 기괴망측하고 우중충하다. 아침 거미는 기쁨이라는 말도 있기는 하지만, 민화 속에서 거미가 맡는 역은 흔히 복수의 화신이자 흉악한 요물이다. 「거미의 달」에서, 거미라는 비유를 통해 달밤의 분위기는 음산과 불길의 끝 간 데로 치닫는다. 그 거미의 달은 "누구도 몰래 빠져나가지 못하도록/휘감겨 붙게 꼼꼼히/망을 손보면서" 기어간다. 독자는 그 순간 거미줄에 걸려든 곤충처럼 오싹하다. 그러나 한편, 실제의 거미줄이 그렇듯, 밤하늘 위의 거미줄은, 그 달빛은, 그 "조금 바랜 빛깔의 실"은 또 얼마나 아름다운가, 하고 시인은 감탄하는 것 같다. 아닌 게 아니라, 너무나 뛰어난 직조 솜씨로 아테나를 질투에 빠지게 해 불행을 자초한 여자의 이름이 아라크네, 곧 거미였다. 달빛에서 거미줄을 뽑아내는 상상력의 탄력을 보라. 시인은 아직 젊다. 또 다른 거미 시를 보자.

> 빨랫줄과 탁자 사이에
> 거미가 그물을 친다
> 나를 미끼 삼아
> 물것들을 노리는 거다
> 거미는 흐린 거울의 공간을 지어놓고
> 그 테두리에 숨었다
> 블랙홀이며 암흑 주머니,

한 번도 북적인 적 없는
시간인 거미

나는 후욱 흐린 거울을 불어본다
흐린 거울 속의 흐린 나무들과
흐린 불빛이 흔들린다
(그런데 진짜
거미의 집은 어디일까?)

거미가 깊어간다
바람이 소슬, 거미줄을 흔든다
귀뚜라미 울음소리가 소슬소슬!
거미줄을 흔든다
나는 문득 쇠약해진다. ―「거미의 밤」 전문

    화자는 거미줄을 거울에 견준다. 그는 아마 탁자 앞에 앉아 있을 터이다. 사람의 살 냄새를, 화자의 살 냄새를 맡고 거울 저편에서 달려들 물것들은 거울의 그물에 걸려 비참한 최후를 맞을 터이다. 그것은 블랙홀이며 암흑 주머니다. 그런데 그 거울은 북적이지 않는다. 걸려든 먹이도 없고 주인인 거미도 없기 때문이다. 시인은 그 거미줄-거울이 북적이지 않는다고 말하는 대신에, 거미 자체를 "한 번도 북적인 적 없는/시간"이라고 표현한다. 거울의 공간 테두리에 숨어 있는, 그래서 보이지 않는 거미는 시인의 놀라운 상상력에 힘입어 한가한 시간으로, 한산한 공간으로 탈바꿈한다. 아닌 게 아니라, 우리들이 보는 거미줄은 대체로 호젓하다. 사람의 손이 오래 안 간 곳에는 더러 거미줄이 보이지만, 그 거미집은 '빈집'이기 십상이다. 거미는 제 집을 비워두고 어디 숨어서 먹이를 기다리는 것일까? 그 거미줄-거울 속의 나무들과 불빛에 화자는 반한다. 그리고 흔들리는 거미줄에서 쇠약을 느낀다. 그 쇠약은 귀뚜라미 울음소리를 거미줄의 흔들림(운명의 세 여신 모이라이의 실!)과 연결시킬 수 있는 탐미주의자의 쇠약이다. 그 쇠약은 "소슬소슬"이라는 귀뚜라미 울음소리에서 이미 예비돼 있었다. 첫 연의 마지막 행과 마지막 연 첫 행의 호응이 절묘하다. 화자는 시간이 깊어간다고 말하지 않고 거미가 깊어간다고 말한다. 거미가 시간이기 때문이다. 한 번도 북적인 적이 없는 시간.

시인의 탐미는 가장 더러워 보이는 것에서도 아름다움을 찾아낸다. 그럴 때 그 탐미는 일종의 악마주의로 치닫는 것처럼 보인다.

> 햇볕에 따끈하게 데워진
> 쓰레기 봉투를 열자마자
> 나는 움찔 물러섰다
> 낱낱이 몸을 트는 꽃잎들
> 부패한 생선 대가리에 핀
> 한 숭어리의 흰 국화
>
> 그들은 녹갈색과 황갈색의 진득거림을
> 말끔히 빨아먹고
> 흰 천국을 피워냈다

싸아한 정화의 냄새를 풍기며

나는 미친 듯이 에프킬라를 뿌려대고
한 천국을 지옥으로 만들고
지옥을 봉했다
그들을 그들이 태어난
진득거림으로 돌려보냈다.　　　―「움찔, 아찔」전문

구더기들을 국화꽃 이파리에 비유한 이 도발적 탐미감이 놀랍다. 화자는, 적어도 한순간은, 꿈틀거리는 구더기의 아름다움에 취한다. 더불어 이 시는 일종의 생태시이기도 하다. 구더기는 더러운 것을 먹어 '정화'한다. (이것이 구더기의 생태에 실제로 부합하는지는 잘 모르겠다.) 그럼으로써 "흰 천국을 피워"낸다. 그러나 화자는 이내 그 '정화'의 냄새를 거역하며 미친 듯 에프킬라를 뿌려댄다. 그것이 사실은 지옥을 만드는 것이라는 걸 알면서도 말이다. 시인의 탐미는 시각적이고 순간적이며 집중적이다.

걸인이 드러내놓은 등의 화상 자국에서 단풍잎의 아름다움을 연상하는 「시리다」도 시인의 탐욕스러운 유미주의를 드러낸다. (그러나, 미리 지적하고 넘어가자, 이 시 전체를 읽어보면 그 탐미는 연민과 버무려져 있다.)

시몬, 네 등은 눈처럼 희다
붉은 화상이 커다란 단풍잎처럼
네 등마루에 구르고 있다

    차가운 바람이 훅! 끼친다
    길 위에 납작 엎드린 가랑잎이
    팔랑 뒤챈다
    시몬, 네 등은
    얼음처럼, 얼음처럼 희다.   —「시리다」부분

  시인의 탐미는 한때 경쾌의 상징이었던 그의 고양이를 자족하는 고양이로 만든다.

    고양이가 운다
    자기 울음에 스스로 반한 듯
    부드럽게
    고양이가 길게 울어서
    고양이처럼 밤은
    부드럽고 까슬까슬한 혀로
    고양이를 핥고
    그래서 고양이가 또 운다.   —「밤과 고양이」전문

  시인이 시상의 실마리로 삼은 것은 고양이 울음이다. 고양이는 물론 낮에도 울겠지만 시인은 밤의 울음에서 착상을 얻는다. 미상불 고양이는 대표적 야행성 동물이다. 독립과 고독과 홀가분을 상징하는 동물답게, 고양이는 어둠이 사위에 내려앉은 뒤에야 원기를 뿜낸다. 고양이의 울음소리는, 특히 밤에 듣는 발정한 도둑고양이의 울음소리는, 갓난아이의 울음소리와 너무 닮아서 듣는 사람의 마음을 어지럽힌다. 그 울음은 독립을 얻기 위해 감수하는 고독의

울음인 것도 같다. 그러나 시인은 그 울음에서 부드러움을 발견한다. 그 울음은 고양이가 저 스스로 반할 만큼 부드러운 울음이다. 이 시에서 밤과 고양이는 서로 소통한다. 고양이의 울음이 안쓰러워 밤은 고양이를 핥아주고, 그 핥음에 격려받아 고양이는 또 운다. 밤은 고양이의 친구이자 수호천사이자 어머니다. 시인의 상상력 속에서 밤의 혀는 고양이의 혀처럼 부드럽고 까슬까슬하다. 까슬까슬하다는 것은 고양이 혀의 가시돌기의 느낌일 터이다. 이런 이중적 감각은 우아하면서도 이기적인 고양이의 이중성을 상징하는 것 같기도 하다. 그 부드럽고 까슬까슬함으로 밤은 고양이를 어르고 달랜다. 위로받은 고양이는 다시 울며 응석을 부린다. 그 울음은 나르시시스트의 울음이다.

4. 연민

위에서 말했듯, 걸인의 등을 묘사한 「시리다」의 탐미는 연민과 뒤섞여 있다. 화자는 걸인을 무심히 지나치지 못한다. 왜냐하면

> 그는 꽥! 소리라도 지른 듯 돌아보게 한다
> 길거리에서 윗도리를 벗고 있으니까
> 그 벗은 웃통을 꿇은 무릎 위로 뻗고 있으니까
> 지금은 10월이니까　　　　　　　—「시리다」 부분

실상 황인숙의 많은 시에서 탐미는 연민과 밀접히 연관

돼 있다. 시인의 윤리적 충동은 그의 노래가 탐미의 허공으로 휘발하는 것을 억제한다. 그 점에서 그는 되다 만 악마주의자이고, 보들레르의 부실한 제자다.

> 울퉁불퉁
> 동네 집 사이로 난
> 좁은 계단 길에
> 부러진 목발 기대앉아 있네요
> 외로운 얼굴로 기대앉아 있네요
>
> 작은 목발이에요
> 손잡이에 감긴 하얀 헝겊에
> 뽀얗게 손때가 묻어 있어요
> 참 작은 목발이에요
> 부러졌네요
> ——「골목길」부분

화자는 계단길에서 작은 목발을 본다. 그는 때묻은 헝겊에 감긴 그 목발에서 아름다움을 느끼지만, 이런 미의식은 곧 그 목발의 주인에 대한 연민으로, 마음의 줄을 아프게 떨게 하는 일종의 윤리의식으로 이어진다. 이 시를 읽는 독자들이 작은 목발의 예쁨을 상상할 때 그 상상 속에는, 어쩔 수 없이, 불편한 다리로 힘겹게 계단을 오르는, 오르다가 발을 헛디뎌 다쳤을지도 모를 어린아이에 대한 연민이 스민다. 『자명한 산책』에는 이런 연민의 시편들이 여럿 있다. 예컨대

>   모진 소리를 들으면
>   가슴이 쩌엉한다.
>   온몸이 쿡쿡 아파온다
>   누군가의 온몸을
>   가슴속부터 쩡 금가게 했을
>   모진 소리 　　　　　　　　　—「모진 소리」 부분

 같은 구절을 보자. 화자는 모진 소리를 들으면, 그 소리를 들었을 무수한 다른 사람들을 생각한다. 자신이 아플 때 그는 타인의 아픔을 생각한다. 그것은 쉽지 않은 윤리적 상상력이다. 얼핏 지극히 개인주의적으로 보이는 황인숙의 많은 시들은 강한 공동체 윤리를 배음으로 깔고 있다. 황인숙 시의 윤리성에서 두드러진 것은, 이 시에서도 보듯, 그것이 화자의 윤리적 우위를 전제하고 있지 않다는 것이다. 그의 시에서, 연민의 주체와 객체는 위계적이지 않고 나란하다. 몸과 마음의 온전함, 그 완벽한 해방을 노래하는 이 자유의 시인은 평등의 시인이기도 한 것이다. 또 다른 예를 보자.

>   노란 귤이 수북한 손수레
>   노점상의 애절한, 붉은 눈
>   눈이 붉은 밤. 　　　　　　　—「열한시 반」 부분

 이 시에서도 색깔에 대한 미적 감수성은 빈자에 대한 연민과 연루돼 있다. 밤늦은 시각인데도 팔리지 않은 노란 귤이 수북하다! 문학사를 채우고 있는 탐미주의들이 흔히

자폐적 개인주의의 침전물인 데 비해, 황인숙의 탐미주의는 세상살이의 풍경을 향해 활짝 열려 있다.

시인의 연민은 사람에게만 미치는 것이 아니니,

> 동춘 서커스단에는
> 얼어 죽은 코끼리의 박제가 있다고 한다
> 아주 오래 전 추운 봄날
> 수원에서 본 그 늙은 코끼리일까?
> 차가운 햇볕 속에서
> 낡은 천막처럼 펄럭였었다
> 그 잿빛 주름살의 고드름
> 주렁주렁 추위를 매달고……
> 오래도록 안부가 궁금했었다 ——「코끼리」전문

같은 작품이 그 예다. 그러나 동물을 포함한 자연을 감싸안는 시인의 눈길이 '동물해방전선'이나 근본적 생태주의와 구별되는 것은 그 출발점이 반-휴머니즘이 아니라 휴머니즘이라는 데 있다. 황인숙의 연민이 감응하는 것은 다른 무엇에 앞서 인간이라는 동류에 대해서다.

5. 권태

황인숙은 초기부터 감각의 시인이기도 했지만, 권태의 시인이기도 했다. 사실 그 감각과 권태는 등을 맞대고 있는지도 모른다. 권태를 이기려 그는 감각적이 된다. 1930

년대의 이상을 권태롭게 한 것은 벽촌의 일상이었지만, 세기말의 황인숙을 권태롭게 한 것은 도시의 일상이었다. 그런데, 이번 시집에서는 권태의 켜가 많이 얇아졌다. 나이 듦이라는 현상에 너무 압도돼 시인이 권태를 챙길 여유가 없었을까? 그래도 그 권태는 배음으로 깔려 있다. 예를 하나만 보자면, 표제시 「자명한 산책」이 그렇다.

> 만약 숲 속이라면
> 독충이나 웅덩이라도 숨어 있지 않을까 조심할 텐데
>
> 여기는 내게 자명한 세계
> 낙엽 더미 아래는 단단한, 보도블록
>
> 보도블록과 나 사이에서
> 자명하고도 자명할 뿐인 금빛 낙엽들
>
> 나는 자명함을
> 퍽! 퍽! 걷어차며 걷는다   ──「자명한 산책」부분

화자가 독충과 웅덩이가 숨어 있는 위태로운 산책길을 그리워하는 것은 아니다. 그는 모험가가 아니다. 그런 한편 그는 아무런 자극도 불확실도 없는 이 자명성이 조금은 아쉽다. 화자는 자명함이 다행스러우면서도 권태로운 것이다. 그래서 이 시는 이렇게 끝난다.

> 내 발바닥 아래

누군가가 발바닥을
맞대고 걷는 듯하다.

어쩌면 자명하지 않을지도 모른다는 기대다. 시인은 권태를 이기기 위해 일종의 동화적 신비주의에 기대고 있는 것이다.

6. 유희

앞서 얘기했듯 황인숙의 이번 시집에서 정색을 하고 권태를 노래한 시는 드물지만, 화자의 권태를 슬그머니 드러내는 대목은 많다. 권태를 드러내는 가장 두드러진 형식은 아직도 계속되고 있는 그의 말놀이일 것이다. 예컨대 "식은 떡과 시든 계획과"(「악착같이」) 같은 말장난은 권태와의 싸움의 소산으로 읽힌다. 그런 말장난이 어떤 순간에는 높은 품격을 얻기도 한다. 예컨대 「그녀는 걸었다」의 '걸음, 걸음, 걸음'이라는 표현이 그렇다.

    그녀는 걸었다, 긴 복도를
    링거병을 끌고 졸음에 취한 나를 끌고
    걸음, 걸음, 걸음,　　　　　　—「그녀는 걸었다」 부분

병동에서의 산책을 묘사하는 이 시에서, '걸음'은 의성어 노릇을 한다. 곧 '걸음, 걸음'은 '뚜벅, 뚜벅'의 역할을 한다. 한국어를 부리는 시인의 자유자재를 생생히 보여주

는 대목이다. 나무들이 숨을 들이켜는 풍경을 묘사한

> 하늘과 땅의 광막한 사이가
> 모세관처럼 좁다는 듯 흡! 흡!
> 흡! 흡! 흡! 거대한, 흡!　　　―「폭풍 속으로 1」 부분

같은 구절에서도 시인은 '흡(吸)'을 의성어로 바꾸어놓고 있다. 달리 말하자면 의성어 '흡'을 흡(吸)과 겹쳐놓고 있다. 독자들은 되풀이되는 '흡'을 읽으며 자신도 숨이 차옴을 실감할 것이다. 말장난이 다소 유치해 보이는 대목도 있다. 예컨대

> 그의 화난, 환한 얼굴
> ―날 나무라면 안 돼
> ―그럼 풀이라 할게　　　―「화난, 환한 수풀」 부분

같은 경우가 그렇다. 한글 닿소리 글자 순서로 말놀이를 하고 있는 「봄」 같은 작품은, 같은 수법을 다시 써먹을 수야 없겠지만, 미워 보이지 않는다.

> 긴
> 내일
> 데려올
> 레일 옆
> 민들레
> 보는 이

설핏
오늘을
재다.   ―「봄」 전문

7. 리듬

 평자들이 별로 지적하지 않는 황인숙 시의 중요한 장점은 그 리듬감일 것이다. 시인이란 결국 모국어의 속살에 도달한 사람을 가리키는 말이라면, 그리고 모든 예술은 음악의 상태를 동경하게 마련이라면, 황인숙이야말로 바로 그런 의미의 시인이고 예술가다. 실상 황인숙을 감각의 시인이라고 했을 때, 그 감각은 모국어 리듬에 대한 감각을 압도적으로 포함한다. 언뜻 너무 달라 보이는 백석과 황인숙의 시를 내재적으로 닮게 하는 것은, 내가 보기에, 모국어의 리듬에 대한 두 시인의 활달하되 완강한 집착이다. 시를 산문과 구별하는 것은 리듬이다. 리듬의 그리스어적 어원은 '흐른다'는 뜻이다. 시는 리듬이 생기도록, 자연스레 흐르도록 배치해놓은 말무더기다. 그러나 그 리듬이 밖으로 불거져 나오면 그것은 노래다. 물론 시도 일종의 노래이기는 하지만, 그것은 특이한 노래다. 다시 말해 미적으로 매우 정련된 노래다. 시는 보통의 노래처럼 리듬을 노골적으로 드러내지 않는다. 좋은 시는 리듬을 감추면서 드러낸다. 그 감춤과 드러냄 사이의 팽팽한 긴장이 리듬의 거처다. 황인숙의 많은 시들은 그런 긴장된 리듬을 만들어내는 데 성공하고 있다. 한 예를 들자면,

두근거림이 흩날리는
공원 소롯길
환하게 열린 배경을
한 여인네가 틀어막고 있다
엉덩이 옆에 놓인 배낭만 한
온몸을 컴컴하게 웅크리고
고단하고 옅은 잠에 들어 있다
—「벚꽃 반쯤 떨어지고」부분

 같은 경우가 그렇다. 이 시는 리듬은 보거나 들을 수 있는 것이 아니라 차라리 느껴지는 것이라는 금언의 생생한 예다. 그러나 나는 황인숙의 그 리듬이 앞의 시에서처럼 일종의 페이소스로 침잠할 때보다 발랄로 승화할 때 즐겁다. 예컨대 내가 이 시집에서 가장 흐뭇하게 읽은,「사닥다리」라는 절창을 들어보자.

봄이 되면
땅바닥에 누워 있는 사닥다리를 세우겠네
은빛 사닥다리,
은빛 사닥다리를 타고
지붕 위에 오르겠네
사닥다리, 뼈로만 이루어진 사닥다리
한 디딤마다 내 발은 후들후들 떨겠네
내 손은 악착같이 사닥다리를 쥐겠네
사닥다리, 발이 손을 따르는 사닥다리

구름이 사닥다리를 타고 올라오네
대추나무가 사닥다리를 타고 올라오네
종달새가 사닥다리를 타고 올라오네
돌멩이가 사닥다리를 타고 올라오네
땅바닥이 사닥다리를 타고 올라오네
내 사랑이 아슬아슬 사닥다리를 타고 올라오네

봄이 되면
땅바닥은 누워 있는 사닥다리를 세우네.
—「사닥다리」 전문

 사다리가 아니라 사닥다리다. 사다리라는 표현을 썼다면 이 시는 얼마나 맥이 빠졌을 것인가? 사닥다리의 '사닥'은, 마치, 오르는 걸음의 의성이자 의태처럼 들린다. 사닥사닥, 사닥사닥. '발이 손을 따르는 사닥다리'라는 착상도 유쾌하다. 보통은 발이 손을 이끌게 마련이지만, 사닥다리를 오를 때는 손이 발을 이끈다. 그것은 상승의 한 표징이기도 하다. 이 시를 천천히 읽어보라. 사닥다리를 오르는 손걸음, 발걸음이 웅크린 리듬에 맞춰 춤춘다. 황인숙의 사닥다리는, 야곱의 사닥다리처럼, 지상과 천상을 잇는다. 강렬하면서도 수줍은 리듬감에 실린 이 시의 상승감은 『자명한 산책』 전체를 유쾌하게 만든다.

 시인이 한 화자의 입을 빌려 '감정의 서민'을 운위하고 있음에도 나는 거기 동의하지 않는다는 것을 앞에서 비친

바 있다. 『자명한 산책』에 묶인 시들은 황인숙이 여전히 감정의 귀족임을, 시간 속에서 흐드러지게 무르익은 시인임을 증명하고 있다. 그가 무감각을 노래할 때조차, 그의 노래는 얼마나 감각적인지…… 솟구쳐라, 시인이여!